Count Me In!

A Parade of Mexican Folk Art Numbers in English and Spanish

Cynthia Weill
Ceramics by the **Aguilar Sisters:**
Guillermina, Josefina, Irene and Concepción

Here comes the parade!
¡Aquí viene el desfile!

Count me in!
¡Cuenta conmigo!

ONE

UNO

Oh look! The man with the balloon is telling us the parade has begun!
¡Mira! ¡El señor de la marmota nos dice que ya ha empezado el desfile!

Two

✳ ✳ ✳ ✳ ✳

Dos

Cover your ears! The fireworks are loud!
¡Tápate los oídos! ¡Los cohetes hacen mucho ruido!

Three

·❃·❃·❃·❃·❃·

Tres

Isn't the music wonderful?

¿No crees que la música es maravillosa?

Four
*****
Cuatro

The giants are my favorite! See the person wearing the
costume peeking through from inside?

**¡A mí me encantan los gigantes! ¿Ves a la persona que lleva
el disfraz mirándonos desde adentro?**

FIVE

✻ ✻ ✻ ✻ ✻ ✻

CINCO

Kids! I love their lanterns!

¡Niños! ¡A mí me encantan sus faroles!

SIX

* * * * *

SEIS

Can you dance and carry a basket of flowers on your head too?
¿Puedes bailar y llevar una canasta de flores encima de la cabeza?

SEVEN

❃ ❃ ❃ ❃ ❃ ❃ ❃

SIETE

The costumes of Oaxaca. Which one do you like best?
Los trajes regionales de Oaxaca. ¿Cuál te gusta más?

EIGHT

* * * * * *

OCHO

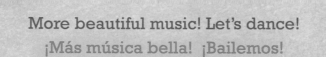

More beautiful music! Let's dance!

¡Más música bella! ¡Bailemos!

Nine

Nueve

Such beautiful ladies!
¡Qué mujeres tan bellas!

Ten

Diez

The people who are watching have joined the parade. Count me in!
Las personas se han unido al desfile. ¡Cuenta conmigo!